建设领域农民工权益知识读本

建设部普法领导小组办公室
建设部政策法规司 编

中国建筑工业出版社

图书在版编目(CIP)数据

建设领域农民工权益知识读本/建设部普法领导小组办公室,建设部政策法规司编.—北京:中国建筑工业出版社,2005
ISBN 7-112-07342-1

Ⅰ.建... Ⅱ.①建... ②建... Ⅲ.劳动法－基本知识－中国 Ⅳ.D922.5

中国版本图书馆 CIP 数据核字(2005)第 030333 号

建设领域农民工权益知识读本
建设部普法领导小组办公室
建 设 部 政 策 法 规 司 编

*

中国建筑工业出版社出版、发行(北京西郊百万庄)
新 华 书 店 经 销
北京市安泰印刷厂印刷

*

开本:850×1168 毫米 1/64 印张:1 字数:22 千字
2005 年 4 月第一版 2005 年 4 月第一次印刷
定价:**2.00** 元
ISBN 7-112-07342-1
(13296)

版权所有 翻印必究
如有印装质量问题,可寄本社退换
(邮政编码 100037)
本社网址:http://www.china-abp.com.cn
网上书店:http://www.china-building.com.cn

用通俗的文字叙述了建设领域农民工权益的基本知识,内容有外出打工前的准备;签订劳动合同;劳动工资;工作时间和休息休假;劳动安全;社会保障;当发生劳动争议后,劳动者寻求帮助的途径;城市生活常识。

* * *

责任编辑:赵梦梅

责任设计:孙　梅

责任校对:张慧丽

目 录

一、外出打工前的准备 …………………… 1

二、签订劳动合同 ………………………… 12

三、劳动工资 ……………………………… 16

四、工作时间和休息休假 ………………… 20

五、劳动安全 ……………………………… 22

六、社会保障 ……………………………… 30

七、当发生劳动争议后,劳动者
　　寻求帮助的途径 ……………………… 42

八、城市生活常识 ………………………… 45

一、外出打工前的准备

1. 了解劳动者应享有的基本权利

劳动者享有平等就业和选择职业的权利、取得劳动报酬的权利、休息休假的权利、获得劳动安全卫生保护的权利、接受职业技能培训的权利、享受社会保险和福利的权利、提请劳动争议处理的权利。

2. 了解劳动者应承担的义务

劳动者应当完成劳动任务,提高职业技能,执行劳动安全卫生规程,遵守劳动纪律和职业道德。

3. 了解就业的基本要求

年满16周岁以上有劳动能力的农村劳动力

才可外出打工。国家禁止用人单位招用不满 16 周岁的未成年人。

建设领域的工作大都是强体力劳动,因此务工者必须身体健康,凡患有高血压、心脏病、贫血、慢性肝炎、癫痫(羊角风)等症的人不宜从事建设领域的工作。

4. 外出打工需办理的手续

(1) 办理暂住证。目前我国有大部分城市要求外来打工人员办理暂住证。办理暂住证一般有两种方式:一是集体办理,二是个人去办理。

在建设领域务工一般有两种方式。一是劳务企业成批组织务工人员进城务工,并统一为务工人员解决住所。这种情况下,应当由雇工的企业统一为务工人员办理暂住证,由单位开介绍信派人到驻地派出所为外来务工者集体办理暂住证。二是外来人员个别地进城务工,在物业管理、环境卫生管理等企业打工,又住宿在企业提供的住所中,一般也由雇工的企业代为办理暂住证。外来打工人员也可以自己办理暂住证。

暂住证的办理需持本人身份证或者原籍乡以上人民政府或者公安机关出具的身份证明,到暂住地派出所申报暂住登记。办理暂住登记的外来人员,应据实向登记机关(单位)提供个人有关自然情况,由暂住地派出所为其填写《暂住人口登记表》。《暂住证》有效期均为1年,逾期作废。有效期满仍需暂住的外来人员,须在有效期满前10日内到暂住地派出所重新申领《暂住证》。

(2)办理《暂住证》的手续:① 应持本人合法有效身份证件并提交三张近期一寸黑白免冠照片;② 居住在居民或农户家中的,应提交户主的户口簿;暂住在出租房内的,还应提交房屋合法出租手续;③暂住在单位内部的,由单位出具留住证明;暂住在居(村)民家中的,由居(村)委会出具的暂住情况证明材料。

原来农村劳动者出省打工必须办理的外出人员就业登记卡和外来人员就业证已被取消。

(3) 办理有效的身份证件。有效身份证件是指有效期内的居民身份证，是发给16周岁以上公民的法律文件，身份证是证明一个人身份的基本证件。进城务工者不论出行、留住还是求职，都必须持身份证，因而必须随身携带。根据《中华人民共和国居民身份证条例实施细则》的第六条：年满16周岁的中国公民，应当向常住户口所在地的户口登记机关履行申领居民身份证的手续。公民年满16周岁时，在从生日起计算的30天内申领居民身份证。如果没有正式居民身份证，或丢失来不及补办，则应该在离家外出务工之前，到当地公安机关或乡以上的人民政府办理临时身份证或身份证明。申领居民身份证时，需填写《常住人口登记表》，交验户口簿，交近期标准照片两张。

（4）办理边境证。目前我国还需要办理边境证的地区有黑龙江省、新疆维吾尔自治区、西藏藏族自治区、广西壮族自治区、广东省、云南省、甘肃省以及内蒙古自治区中的一些市、县，诸如广东省的深圳市、珠海市等。务工者外出务工前一定要了解清楚，所到的目标城市是否需要办理边境证。

办理边境证首先要向户口所在地的县级以上公安机关或者指定的公安派出所提出申请。办理的具体程序如下：

① 到常住的户口所在地公安分局或派出所领取并填写《边境通行证申请表》；

② 经当地村委会、治保会加签意见后，由户口所在地公安派出所审核；

③ 持派出所审核过的《边境通行证申请表》和本人的居民身份证，向所在地县以上公安机关

或者指定的公安派出所提出申请。

5. 进城务工之前应该接受的培训

进城务工前应接受的培训包括：职业操作技能、基本理论知识、法律法规、公民道德、职业道德、思想教育、城市生活常识等方面的培训。

（1）基本技能和技术操作规程的培训。不同行业、不同工种、不同岗位的技能培训要求各不相同。基本技能和技术操作规程的培训可以使进城务工者掌握一定的技术技能，满足用工单位对务工者的基本要求。

（2）政策、法律法规知识培训。进城之前务工人员需要具备一些基本的法律知识，如《劳动法》、《消费者权益保护法》、《合同法》、《职业病防治法》、《治安管理处罚条例》等。了解这些法律法规能够增强务工者遵纪守法和利用法律保护自身合法权益的意识。

（3）安全常识和公民道德规范培训。这方面培训的内容包括安全生产、城市公共道德、职业道德、城市生活常识等。培训的目的是为增强进城务工者适应城市工作和生活的能力，养成良好的公民道德意识，树立建设城市、爱护城市、保护环境、遵纪守法、文明礼貌的社会风尚。

6. 参加技术技能培训的途径

参加培训有多种途径。一是县、乡（镇）劳动服务机构举办的培训班。这些班一般由政府有关部门主办，培训内容和就业去向具有针对性，有些是结合具体工程项目进行，培训结束后可以在有关机构的指导下定向就业。二是参加职业高中、技校、夜校、专门的职业培训学校的学习，这是目前进城务工农民获得有关专业技能的重要渠道。三是企业培训，一般由用工企业根据自己的需求对务工者进行专门的培训。

7. 了解建设领域需持职业资格证书上岗的工种

建设领域接纳农民工较多的企业有建筑施工、市政施工、建筑装饰装修、物业管理、环境卫生等企业。建设领域需要持职业资格证书上岗的工种有：焊工、锅炉设备安装工、变电设备安装工、维修电工、手工木工、精细木工、土石方机械操作工、砌筑工、混凝土工、钢筋工、架子工、防水工、装饰装修工、电气设备安装工、管工、起重装卸机械操作工、物业管理员、锅炉操作工、制图员。

建筑和市政施工企业有技术要求的工种有：焊工、锅炉设备安装工、变电设备安装工、维修电工、土石方机械操作工、砌筑工、混凝土工、钢筋工、架子工、防水工、电气设备安装工、管工、起重装卸机械操作工、制图员。不同的工种有不同的技术要求，如：砌筑工是使用手工工具，按施工技术规范要求，用砖头或石块进行砌墙等，为屋顶盖瓦，给墙壁和顶棚抹灰、粉刷。混凝土工是在建筑工地从事混凝土的配料、搅拌、灌筑等工作，建造钢筋混凝土结构或结构部件，如柱墩、桥梁等。架子工的任务就是用木头或钢管搭建与拆迁建筑作业架子，脚手架在建筑工程施工中，是一项不可缺少的空中作业工具，因而架子工也是一项技术性强的高空作业工作。

　　建筑装饰装修和物业管理包括许多工种，其中包括室内建筑材料的设计、生产、加工，木工、门窗工、油漆工、抹灰工、管工、电工、锅炉操作工等。从事装饰装修业，要具有初中以上文化程度，还要具有两年以上的专业训练或操作经历；了解各类装饰材料性质、用途、使用方法；掌握室内装修的工艺过程；有一定设计知识和识图能力，能够照图纸进行作业处理；掌握安全操作技术规程以及防毒、防火的常识。从事物业管理，要掌握管工、电工、锅炉操作工等技术技能。

8. 职业资格证书

职业资格证书是反映劳动者具备某种职业所需要的专门知识和技能的证明。它是劳动者求职、任职、从业的资格凭证，是用人单位招聘、录用劳动者的重要依据之一，也是外出就业时证明劳务合作人员技能水平的有效证件。职业资格证书与职业劳动活动密切相联，是根据特定职业的实际工作内容、特点、标准和规范等规定的水平等级。职业资格证书反映了劳动者胜任职业活动的水平，是职业能力的具体体现。

9. 如何取得职业资格证书

任何符合条件的个人均可自主申请参加职业技能鉴定，申请人根据所申报职业的资格条件，确定自己申报鉴定的等级。职业技能鉴定分为知识要求考试和操作技能考核两部分。职业分类由国家确定,并对规定的职业制定职业技能标准,实行职业资格证书制度。由经过劳动保障部批准的考核鉴定机构负责对劳动者实施职业技能考核鉴定。建设行业从业人员,经过职业技能鉴定机构考核鉴定合格后,核发由劳动保障部印制的《职业资格证书》,并在《职业资格证书》上加盖劳动保障行政主管部门和建设行政主管部门印章。

二、签订劳动合同

1. 什么是劳动合同

劳动合同是劳动者与用人单位确立劳动关系、明确双方权利和义务的协议,是双方建立劳动关系的重要凭证。

2. 劳动合同的形式

劳动合同应当以书面形式订立。

3. 劳动合同应该包括的主要内容

(1) 劳动合同期限。劳动合同的期限分为有固定期限、无固定期限和以完成一定的工作为期限。

(2) 工作内容。工作内容是指劳动者在劳动合同有效期内所从事的工作岗位(工种),以及上岗工作应完成的工作要求,如劳动定额、产品质量标准等。

(3)劳动保护和劳动条件。劳动保护和劳动条件是指劳动者在工作中应享有的合法的生产、工作条件。为了保障劳动者在劳动过程中的安全、卫生及其他劳动条件,用人单位必须为劳动者提供生产或工作所必需的劳动保护措施,包括劳动场所和设备、劳动安全卫生设施及必要的劳动保护用品等,以保障劳动者在人身安全不受危害的环境下从事工作。

(4)劳动报酬。劳动报酬是指用人单位依据国家有关规定或劳动合同的约定,以货币形式直接支付给劳动者的工资,一般包括计时工资、计件工资、奖金、津贴和补贴、延长工作时间的工资报酬以及特殊情况下支付的工资等。有关劳动报酬的条款,应明确工资支付标准、支付项目、支付形式以及支付时间、加班加点工资计算基数、特殊情况下的工资支付等内容。

(5) 劳动纪律。劳动纪律是指劳动者在劳动过程中所必须遵守的劳动规则和工作制度。

(6) 劳动合同终止的条件。劳动合同期满或者当事人约定的劳动合同终止条件出现,劳动合同即行终止。经劳动合同当事人协商一致,劳动合同可以解除。

(7) 违反劳动合同的责任。违反劳动合同的责任是指企业或劳动者不履行劳动合同的约定,或者违反劳动合同致使劳动合同不能履行所应承担的责任。

4. 签订劳动合同应注意的事项

(1) 订立劳动合同时,用人单位不得向劳动者收取定金、保证金或扣留居民身份证。

(2) 学会辨认无效劳动合同。无效的劳动合同是指不具有法律效力的劳动合同。根据《劳动法》的规定，违反法律、行政法规的劳动合同，或者采取欺诈、威胁等手段订立的劳动合同无效。劳动合同无效是由劳动争议仲裁委员会和人民法院来确认的。

(3) 从事建筑施工的劳动者必须与劳务企业签订劳动合同。

(4) 由于建筑施工企业的工资支付一般是按项目进度结算来支付工资的，因此，在合同中要明确按月支付和按进度支付的工资比例和绝对数。

(5) 物业管理和环境卫生企业的工资一般都按月支付。但由于劳动时间比较长，或者要经常上早班、晚班，节假日也不能正常休息，因此，在合同中要明确加班或早、夜班的工资支付办法。

三、劳动工资

1. 劳动工资的支付形式

工资支付应当以法定货币(即人民币)形式支付,不得以实物及有价证券替代货币支付;用人单位应将工资支付给劳动者本人,本人因故不能领取工资时,可由其亲属或委托他人代领;用人单位可直接支付工资,也可委托银行代发工资;工资必须在用人单位与劳动者约定的日期支付,如遇节假日或休息日,应提前在最近的工作日支付;工资至少每月支付一次,实行周、日、小时工资制的可按周、日、小时支付工资;对完成一次性临时劳动或某项具体工作的劳动者,用人单位应按有关协议或合同规定在其完成劳动任务后即支付工资;劳动关系双方依法解除或终止劳动合同时,用人单位应在解除或终止劳动合同时一次付清劳动者工资;用人单位必须书面记录支付劳动者工资的数额、时间、领取者的姓名以及签字,并保存两年以上备查;用人单位在支付工资时应向劳动者提供一份其个人的工资清单。

2. 最低工资标准

最低工资是劳动者在法定工作时间内履行了正常劳动义务,用人单位对其劳动所支付的最低劳动报酬。我们国家实行的最低工资保障制度是指用人单位支付的工资不得低于当地最低工资标准,最低工资的具体标准由省、自治区、直辖市人民政府规定。

3. 加班加点工资的计算

凡是安排劳动者在法定工作日延长工作时间或安排在休息日工作而不能补休的,均应支付给劳动者不低于劳动合同规定的劳动者本人小时或日工资标准150%、200%的工资;安排在法定休假节日工作的,应支付给劳动者不低于劳动合同规定的劳动者本人小时或日工资标准300%的工资。

建筑、市政施工和装饰装修企业一般实行的是不定时的包工制,劳动报酬是根据项目完成情况而支付的,因此,不按加班加点工资计算,除非在合同中另有约定(如提前完成工作的奖励标准)。

4. 用人单位不得克扣劳动者工资

用人单位不得违反《劳动法》以及《违反〈中华人民共和国劳动法〉行政处罚办法》等有关规定,随意克扣劳动者工资。"克扣工资"是指用人单位无正当理由扣减劳动者应得工资(即在劳动者已提供正常劳动的前提下用人单位按劳动合同规定的标准应当支付给劳动者的全部劳动报酬)。

5. 用人单位不得无故拖欠劳动者工资

用人单位不得违反《劳动法》以及《违反〈中华人民共和国劳动法〉行政处罚办法》等规定,无故拖欠劳动者工资。"无故拖欠工资"是指用人单位无正当理由超过规定付薪时间而未支付劳动者工资。

如果用人单位不按合同约定支付劳动者工资,或者支付工资低于当地最低工资标准,或者拖欠或克扣工资,侵害劳动者工资报酬权益,劳动者可以向劳动和社会保障行政部门举报。

四、工作时间和休息休假

1. 工作时间

我们国家实行劳动者每日工作时间不超过 8 小时、平均每周工作时间不超过 44 小时的工时制;用人单位应当保证劳动者每周至少休息 1 日。用人单位由于生产经营需要,经与工会和劳动者协商后可以延长工作时间,一般每日不得超过 1 小时;因特殊原因需要延长工作时间的,在保障劳动者身体健康的条件下延长工作时间每日不得超过 3 小时,但是每月不得超过 36 小时。

2. 法定节假日

我国法定节假日包括三类。第一类是全体公民放假的节日,包括:元旦、春节、劳动节和国庆节。第二类是部分公民放假的节日及纪念日，包括：妇女节、青年节等。第三类是少数民族习惯的节日，具体节日由各少数民族聚居地区的地方人民政府，按照各该民族习惯，规定放假日期。全体公民放假的假日，如果适逢星期六、星期日，应当在工作日补假。部分公民放假的假日，如果适逢星期六、星期日，则不补假。

五、劳动安全

1. 企业应对劳动者进行安全教育

《劳动法》规定,用人单位必须对劳动者进行劳动安全卫生教育,防止劳动过程中的事故,减少职业危害。未进行岗前安全教育发生事故的,企业要承担赔偿责任。建筑施工企业对新进施工现场的工人上岗前都要进行三级(公司、项目、班组)安全教育。工人变换工种时也要进行安全教育,以使工人掌握"不伤害自己,不伤害别人、不被别人伤害"的能力。

2. 安全教育的内容

工人必须了解将进行作业的环节和危险程度,熟悉操作规程,检查劳动保护用品是否完好并会正确使用。

3. 企业必须提供必要的劳动安全卫生条件和设施

劳动安全卫生设施必须符合国家规定的标准,新建、改建、扩建工程的劳动安全卫生设施必须与主体工程同时设计、同时施工、同时投入生产和使用。用人单位的劳动安全设施和劳动卫生条件不符合国家规定或者未向劳动者提供必要的劳动防护用品和劳动保护设施的,由劳动行政部门或者有关部门责令改正,可以处以罚款;情节严重的,提请县级以上人民政府决定责令停产整顿;对事故隐患不采取措施,致使发生重大事故,造成劳动者生命和财产损失的,对责任人员追究刑事责任。

施工单位应当将施工现场生活区与作业区分开设置,并保持安全距离;生活区的选址应当符合安全要求;职工的用餐、饮水、休息场所应当符合卫生标准；施工单位不得在尚未竣工的建筑物内设置员工宿舍。

4. 企业必须提供合格的劳动防护用品

用人单位必须为劳动者提供符合国家规定的劳动安全卫生条件和必要的劳动防护用品，对从事有职业危害作业的劳动者应当定期进行健康检查。

5. 特种作业必须持证上岗

从事特种作业的劳动者必须经过专门培训并取得作业资格。属于建筑施工企业特种作业范围的工种有：电工、架子工、电（气）焊工、爆破工、机械操作工（平刨、圆盘锯、钢筋机械、搅拌机、打桩机）、起重工、司炉工、塔吊司机、物料提升机（龙门架、井架）和外用电梯（人、货两用）司机、信号指挥、厂内车辆驾驶。

6. 严格遵守安全操作规程

劳动者在劳动过程中必须严格遵守安全操作规程。劳动者对用人单位管理人员违章指挥、强令冒险作业的，有权拒绝执行；对危害生命安全和身体健康的行为，有权提出批评、检举和控告。

7. 建筑施工现场安全注意事项

从事建筑施工活动，有较大的危险性，其中以高处坠落、触电、物体打击、机械伤害、坍塌事故最常发生。为了防止各类安全事故的发生，施工现场的安全重点是脚手架、基坑支护、施工用电、外用电梯、塔吊、施工机具等。特别要注意的是：

（1）注意劳动保护，正确使用防护用品、用具，严格按照操作规程施工。

(2) 注意消防安全,进入施工现场作业区,特别是易燃、易爆物周围,严禁吸烟。明火作业不得与易燃易爆作业同时同地进行。

(3) 各类施工机械和工具使用前要检查是否漏电,各部件和安全防护是否正常完好。正确使用漏电保护器。

(4) 施工现场所有电气设备和线路的绝缘必须良好,接头不得裸露。

(5) 高处作业要穿紧口工作服,穿防滑鞋,戴安全帽,系安全带。遇到大雾、大雨及六级以上大风时,禁止高处作业。高处作业特别要注意平台防护、临边防护、洞口防护,交叉作业和攀登作业时严格遵守安全规范,在施工中不得向下投掷物料。

(6) 使用垂直运输设备时严禁在龙门架、外用电梯、塔吊塔身上攀爬,塔吊作业中不准作业人员随吊物上下搭吊,以免发生高处坠落。龙门架、井字架运行中禁止穿越和检修。外用电梯禁止超载运行。

(7) 土方作业要注意预防坍塌事故和人工挖孔桩伤亡事故。

(8) 起重吊装现场作业人员应站在安全位置，不准起吊不明重量和埋在地下的物体，起重指挥人员不得兼做操作工。

(9) 不准站在模板、钢筋上作业。

8. 装饰、装修安全注意事项

(1) 高空作业要系安全带。

(2) 不得任意改动煤气设施。

(3) 不得损坏承重墙体和其他承重结构。

(4) 不得在易燃、易爆装修材料周围抽烟或明火作业，并防止作业过程中的其他火星溅落在易燃、易爆材料上引起危险。

(5) 剩余的易燃、易爆装修材料要安全处置，不得任意堆放。

9. 环境卫生安全注意事项

（1）在道路上清扫应当穿标志明显的黄背心，防止车辆冲撞。

（2）清理窨井，要注意有毒、有害气体对人体的伤害。

（3）处理有毒、有害废物时，要穿戴防护装备，注意防护。

10. 物业管理安全注意事项

（1）电梯、电路发生故障时，应及时报告，由具有专业资格的操作人员维修，不得随意处理。

（2）煤气设施故障，应报告专业机构，由专业机构维修。

11. 建筑工地常用安全标志

参见封二、封三的常用安全标志。

六、社会保障

1. 基本养老保险

基本养老保险是国家根据法律、法规规定建立的社会保险制度。这项制度规定用人单位和劳动者在依法缴纳养老保险费后,在劳动者达到法定退休年龄时,社会保险经办机构要依法向其支付养老金。

2. 基本医疗保险

基本医疗保险是为补偿劳动者因疾病造成的经济损失而建立的社会保险制度。通过用人单位和劳动者个人缴纳一定数量的基本医疗保险费,建立保险基金,参保人员患病就诊发生医疗费用后,由医疗保险经办机构给予一定的经济补偿。

3. 农民工可以参加基本养老保险和基本医疗保险

国家规定：各类企业招用农民工，应签订劳动合同，并依法缴纳社会保险费；农民合同制职工参加单位所在地的社会保险，社会保险经办机构为职工建立基本养老保险个人账户和基本医疗保险个人账户。参加养老保险的农民合同制职工，在与企业终止或解除劳动关系后，由社会保险经办机构保留其养老保险关系，保管其个人账户并计息，凡重新就业的，应接续或转移养老保险关系；也可按照省级政府的规定，根据农民合同制职工本人申请，将其个人账户个人缴费部分一次性支付给本人，同时终止养老保险关系，凡重新就业的，应重新参加养老保险。农民合同制职工在男年满60周岁、女年满55周岁时，累计缴费年限满15年以上的，可按规定领取基本养老金；累计缴费年限不满15年的，其个人账户全部储存额一次性支付给本人。

4. 失业保险

失业保险是对劳动年龄内有就业能力并有就业愿望的人，由于非本人的原因而失去工作，无法获得维持生活所必须的经济收入，在一定期间内由国家和社会为其提供基本生活保障的社会保险制度。

5. 农民工可以参加失业保险

城镇企业事业单位应为招用的农民合同制工人参加失业保险，用人单位按规定为农民工缴纳社会保险费，农民合同制工人本人不缴纳失业保险费。单位招用的农民合同制工人连续工作满1年，本单位并已缴纳失业保险费，劳动合同期满未续订或者提前解除劳动合同的，由社会保险经办机构根据其工作时间长短，对其支付一次性生活补助。

6. 工伤保险

工伤保险是劳动者因工作原因遭受意外伤害、患职业病、致残或死亡，暂时或永久丧失劳动能力，劳动者或其亲属从国家、社会得到法定的医疗生活保障及必要的经济补偿的社会保险制度。

7. 民工有权参加工伤保险

国家规定各类企业、有雇工的个体工商户（以下称用人单位）应当参加工伤保险，为本单位全部职工或者雇工（以下称职工）缴纳工伤保险费，各类企业的职工和个体工商户的雇工，均拥有享受工伤保险待遇的权利，用人单位应当按时缴纳工伤保险费，职工个人不缴纳工伤保险费。

建筑企业必须为从事危险作业的职工办理意外伤害保险、支付保险费。建筑企业从事危险作业的工作包括高处作业、带电作业、有毒作业等。

8. 工伤的认定

职工有下列情形之一的,应当认定为工伤:

(1) 在工作时间和工作场所内,因工作原因受到事故伤害的。

(2) 工作时间前后在工作场所内,从事与工作有关的预备性或者收尾性工作受到事故伤害的。

(3) 在工作时间和工作场所内,因履行工作职责受到暴力等意外伤害的。

(4) 患职业病的。

(5) 因工外出期间,由于工作原因受到伤害或者发生事故下落不明的。

(6) 在上下班途中,受到机动车事故伤害的。

(7) 法律、行政法规规定应当认定为工伤的其他情形。

职工有下列情形之一的,视同工伤:

(1) 在工作时间和工作岗位上,突发疾病死亡或者在 48 小时之内经抢救无效死亡的。

(2) 在抢险救灾等维护国家利益、公共利益活动中受到伤害的。

(3) 职工原在军队服役,因战、因公负伤致残,已取得革命伤残军人证,到用人单位后旧伤复发的。

9. 申请工伤认定

劳动者发生事故伤害或者按照职业病防治法规定被诊断、鉴定为职业病,所在单位应当自事故伤害发生之日或者被诊断、鉴定为职业病之日起 30 日内,向统筹地区劳动保障行政部门提出工伤认定申请。遇有特殊情况，经报劳动保障行政部门同意，申请时限可以适当延长。用人单位未在规定的时限内提交工伤认定申请的，在此期间发生的工伤待遇等有关费用由该用人单位负担。用人单位未提出工伤认定申请的，工伤劳动者或者其直系亲属、工会组织在事故伤害发生之日或者被诊断、鉴定为职业病之日起1年内，可以直接向用人单位所在地统筹地区劳动保障行政部门提出工伤认定申请。

提出工伤认定申请应当提交下列材料：

（1）工伤认定申请表；

（2）与用人单位存在劳动关系（包括事实劳动关系）的证明材料；

（3）医疗诊断证明或者职业病诊断证明书（或者职业病诊断鉴定书）；

工伤认定申请表应当包括事故发生的时间、地点、原因以及职工伤害程度等基本情况。工伤认定申请人提供材料不完整或者不准确的,劳动保障行政部门应当一次性书面告知工伤认定申请人需要补正的全部材料。申请人按照书面告知要求补正材料后,劳动保障行政部门应当受理。

劳动保障行政部门应当自受理工伤认定申请之日起60日内作出工伤认定的决定,并书面通知申请工伤认定的职工或者其直系亲属和所在单位。

10. 申请劳动能力鉴定

劳动者发生工伤,经治疗伤情相对稳定后存在残疾、影响劳动能力的,应当进行劳动能力鉴定。鉴定申请应向设区的市级劳动能力鉴定委员会提出,并提交工伤认定决定和劳动者工伤医疗的有关资料。对该鉴定结论不服的,可以在收到鉴定结论之日起15日内向省、自治区、直辖市劳动能力鉴定委员会提出再次鉴定申请。省、自治区、直辖市劳动能力鉴定委员会作出的劳动能力鉴定结论为最终结论。

劳动能力鉴定结论作出之日起1年后,工伤劳动者或其直系亲属、其所在单位或者经办机构认为残情发生变化,可以向劳动能力鉴定委员会提出复查鉴定申请,劳动能力鉴定委员会依据国家标准对其进行鉴定,作出劳动能力鉴定结论。

11. 农民工被鉴定为工伤后应享受的待遇

劳动者因工致残被鉴定为一级至四级伤残的,享受以下待遇:

(1)由工伤保险基金按伤残等级支付一次性伤残补助金,标准为:一级伤残为本人的24个月工资,二级伤残为本人的22个月工资,三级伤残为本人的20个月工资,四级伤残为本人的18个月工资。

（2）由工伤保险基金按月支付伤残津贴，标准为：一级伤残为本人工资的90%，二级伤残为本人工资的85%，三级伤残为本人工资的80%，四级伤残为本人工资的75%。伤残津贴实际金额低于当地最低工资标准的，由工伤保险基金补足差额。

（3）对户籍不在参加工伤保险统筹地区（生产经营地）的农民工，一至四级伤残长期待遇的支付，可试行一次性支付和长期支付两种方式，供农民工选择。在农民工选择一次性或长期支付方式时，支付其工伤保险待遇的社会保险经办机构应向其说明情况。一次性享受工伤保险长期待遇的，需由农民工本人提出，与用人单位解除或者终止劳动关系，与统筹地区社会保险经办机构签订协议，终止工伤保险关系。一至四级伤残农民工一次性享受工伤保险长期待遇的具体办法和标准由省（自治区、直辖市）劳动保障行政部门制定,报省(自治区、直辖市)人民政府批准。

劳动者因工致残被鉴定为五级、六级伤残的,享受以下待遇:

由工伤保险基金按伤残等级支付一次性伤残补助金,标准为:五级伤残为本人的16个月工资,六级伤残为本人的14个月工资。

劳动者因工致残被鉴定为七级至十级伤残的,享受以下待遇:

由工伤保险基金按伤残等级支付一次性伤残补助金,标准为:七级伤残为本人的12个月工资,八级伤残为本人的10个月工资,九级伤残为本人的8个月工资,十级伤残为本人的6个月工资。

12. 用人单位未参加工伤保险的,工伤职工的工伤待遇由用人单位支付

用人单位依照本条例规定应当参加工伤保险而未参加的,未参加工伤保险期间用人单位职工发生工伤的,由该用人单位按照本条例规定的工伤保险待遇项目和标准支付费用。

13. 非法用工单位的劳动者也有权享受工伤待遇

无营业执照或者未经依法登记、备案的单位以及被依法吊销营业执照或者撤销登记、备案的单位的职工受到事故伤害或者患职业病的,由该单位向伤残职工或者死亡职工的直系亲属给予一次性赔偿。

七、当发生劳动争议后，劳动者寻求帮助的途径

1. 劳动争议

劳动争议是劳动关系双方当事人在劳动关系存续期间因劳动权利和义务问题发生分歧而引起的纠纷。劳动争议主要包括劳动合同的履行、变更、终止、解除、续定以及劳动报酬、工作和休息时间、劳动保护、保险与福利、培训、奖惩等问题而引起的争议。

2. 解决劳动争议的机构

（1）劳动争议调解委员会。劳动争议调解委员会由职工代表、用人单位代表和工会代表组成。劳动争议调解委员会主任由工会代表担任。

(2) 劳动争议仲裁委员会。劳动争议仲裁委员会由劳动行政部门代表、工会代表、用人单位方面的代表组成。劳动争议仲裁委员会主任由劳动行政部门代表担任。

(3) 人民法院。人民法院是国家审判机关,负责受理劳动争议。

3. 劳动争议的解决程序

劳动争议发生后,当事人可以向本单位劳动争议调解委员会申请调解;调解不成,当事人一方要求仲裁的,可以向劳动争议仲裁委员会申请仲裁。当事人一方也可以直接向劳动争议仲裁委员会申请仲裁。对仲裁裁决不服的,可以向人民法院提起诉讼。

(1) 劳动争议的调解。劳动争议的调解是在第三者主持下,依据法律和道德规范劝说争议双方通过民主协商达成协议而解决争议。劳动争议的调解分为企业调解、仲裁调解、法院调解三种方式。

(2) 劳动争议仲裁。劳动争议双方自愿将有争议的问题提交第三者处理,由其就劳动争议作出对双方当事人具有约束力的判断和裁决。劳动仲裁有仲裁调解和仲裁裁决两种方式。仲裁调解是双方当事人在仲裁员主持下,自愿协商,达成协议,解决争议。仲裁裁决是在仲裁调解不成的情况下由仲裁员对有争议的问题作出具有法律约束力的裁决。

(3) 劳动争议诉讼。劳动争议诉讼是人民法院对劳动争议案件进行审理和判决的司法活动。诉讼程序是处理劳动争议的最后一道程序。

八、城市生活常识

1. 使用身份证时应该注意的事项

身份证只证明本人身份,不能转借给他人,否则自己要承担由此所引起的一切后果。外出务工时,应该很好地保管和保存好自己的身份证。除公安机关依法对违法犯罪嫌疑人采取强制措施可以扣留居民身份证外,其他任何单位和个人都不得扣留居民身份证。为满足特定的需要,可以将身份证复印一份交给用人单位保存审查,但不能让他们扣押身份证原件。在城市务工时,如果遇到公安人员检查身份证时,首先要看清楚他们的工作证件。按照法律规定,公安人员依法执行公务需要查验公民的居民身份证时,应当首先出示自己的工作证件。

2. 预防传染病

传染病是能在人与人、人与动物之间互相传染的疾病,能在人群中引起局部或广泛的流行。传染病的主要特点:

(1) 具有传染性。可以通过呼吸道、消化道、血液及性行为传播。

(2) 传染病能够在人群中流行必须具备三个条件:传染源、传播途径、易感人群。

(3) 传染病可以预防。通过控制传染源、切断传播途径、增强人体抵抗力,完全能够有效预防传染病的发生和流行。

(4) 发现传染病人的处理。一是病人要尽快去医院接受治疗,二是周围的人要注意隔离,切断传染源,控制传播。

(5) 预防艾滋病。艾滋病是一种病死率极高的严重传染病,目前还没有治愈的药物和方法,但可预防。艾滋病病毒主要存在于感染者的血液、精液、阴道分泌物、乳汁等体液中,所以通过性接触、血液和母婴三种途径传播,共用注射器吸毒也是传播艾滋病的重要途径。绝大多数感染者要经过5~10年时间才发展成病人,一般在发病后的2~3年内死亡。与艾滋病病人及艾滋病病毒感染者的日常生活和工作接触(如握手、拥抱、共同进餐、共用工具、办公用具等)不会感染艾滋病。艾滋病不会经马桶圈、电话机、餐饮具、卧具、游泳池或公共浴室等公共设施传播,也不会经咳嗽、打喷嚏、蚊虫叮咬等途径传播。

正规医院能提供正规而且保密的检查、诊断、治疗和咨询服务,必要时可借助当地性病、艾滋病热线进行咨询。

预防艾滋病要做到:远离毒品,发生性行为时使用安全套,不与他人共用牙刷、剃须刀。

3. 去邮局

(1) 寄发和领取汇款的程序：

① 寄发汇款，首先在邮局服务窗口领取一张汇款单，根据要求填写汇款单上的各项内容，包括收款人、收款人地址和邮政编码、寄款人、寄款人地址和邮政编码、钱数等，然后把汇款单和钱一起交给营业员，营业员核对没有错误，就给予办理。办理完之后注意保留汇款收据，如果2个月后，收款人还没有收到汇款，可以凭这张收据到邮局查询。注意：汇款单上收款人的姓名一定要和收款人身份证上的名字一样，否则不能取款。

② 收取汇款时，首先在自己收到的汇款单背面指定的位置填写自己姓名，一般称为"签名"，带上身份证到邮局，交给营业员。取出汇款后，一定要当面核对汇款数额。如果收到汇款单后2

个月内没有到邮局取钱,邮局会把汇款退回寄款人。

(2) 寄发和领取包裹:

① 邮寄包裹,首先要填写包裹单,正式的名称是"国内包裹详情单",填写要求和汇款单的一样。寄包裹人和收包裹人的姓名必须和身份证上一致。包裹的包装需要经邮局确认后才可以使用。包内的物品及其价值,必须在包裹单上填明,没有实价的可以自己估定。把包裹单和包裹一起交给营业员办理,办完后营业员也会返还一个邮寄包裹收据,这个也要妥善保管,作为以后查询的凭证。

② 收取包裹时,在收到的包裹单背面指定的位置上填写自己的名字,必须和包裹单及身份证上的名字一致。然后,带上身份证和包裹单,到指定的邮局领取包裹。

4. 治病求医

在城市里看病,要去正规的医院,在医院看病的程序如下:

(1) 进医院后,首先要挂号,医院的级别不同,挂号费就不同。挂号时,必须说明自己要看那一科,如果不知道应该看什么科,可以在挂号的时候问一下,说清楚自己哪里不舒服,挂号的护士会告知你应挂哪一科。

(2) 挂完号后,拿好挂号单,去应该看的那一科的诊室等候。记住自己挂号单上的序号,把挂号单交给大夫,等大夫叫到自己的号时进去看病。

(3) 如果需要特殊的检查,如验血等,大夫会开一个化验单,你需要拿着化验单先去交费,然后化验,拿到化验结果后交给大夫继续看病。

(4) 看完病后,大夫会给开一个药方,也会交代清楚什么药怎么吃。然后,你要拿着药方去交费。

(5) 交完费后,拿着药方去药房拿药。拿完药后,如果还不清楚怎么吃,可以回到诊室去问给自己看病的大夫。

5. 丢失居民身份证

居民身份证是居民最经常使用的证件,到城市打工的人就更离不开它,到银行开户存钱、办理《暂住证》、领取邮寄包裹都需要居民身份证。如果居民身份证丢了,应该做下列几件事:

(1) 立即到公安机关报失,一般要到工作单位所在地的派出所报失,然后打电话或写信到家里,请家人代为到家乡的本人户口所在的派出所报失。

(2) 报失后,要申请补办一个新的居民身份证。办理新的身份证，需要带上户口簿和村委会开的证明。办理新的居民身份证的地点也是在家乡本人户口所在的派出所。

(3) 由于新的身份证办理时间较长，一般是3个月，所以需要先在家乡本人户口所在的派出所办理一个临时身份证，再邮寄回来，需要时可以拿出来作为证明。

(4) 拿到新的身份证后，退回临时身份证。

注意：丢失了居民身份证之后，不要借用他人的居民身份证或购买伪造的身份证。

6. 防止食物中毒

(1) 食物中毒的主要症状是恶心、呕吐、腹痛、腹泻、发烧。

(2) 防止食物中毒要不吃不干净和发霉变质的食物，吃水果、蔬菜之前一定要用清水洗干净。有些食物没有熟透，也会引起食物中毒，如四季豆(豆角)如果没有炒熟,吃了会头疼、恶心,并且有发冷的症状。绿色的西红柿(番茄)、长芽的土豆、花生等吃了也会出现中毒症状。

(3) 发生食物中毒的处理:让病人大量饮水,刺激喉部使其呕吐;立即将病人送医院;保留剩余食物以备卫生防疫部门检验。

7. 防止煤气中毒

煤气中毒主要症状为头痛、头晕、恶心、呕吐、软弱无力等。防止煤气中毒要做到:

(1) 使用煤炉采暖时,必须安装烟囱以保证排烟状况良好,并注意经常通风。

(2) 检查天然气或煤气管道,看是否有泄漏。

(3) 使用煤气或天然气要用专用橡胶软管,不能用尼龙、乙烯管或破旧管子代替,每半年检查更换一次橡胶管道。

(4) 在厨房安装排气扇或者抽油烟机。

8. 煤气中毒的救治

煤气中毒指的是一氧化碳中毒,如冬天用煤炉取暖,因门窗紧闭或排烟不良造成煤气中毒;或者液化气、天然气灶具管道泄漏造成中毒。发生煤气中毒时,有极少数人能够打开门自己出来,绝大多数病人都会很快发生昏迷状况,如果救治不及时,会因窒息而死亡。

发现有人煤气中毒时,应该采取以下几种措施:

(1) 开门、开窗,通风换气。

(2) 拨打急救电话,等待医生的到来。

(3) 给病人松解衣扣,把病人转移到通风良好、空气新鲜的地方,注意保暖,清除病人口鼻分泌物。

(4) 如果发现呼吸停止,应该立即进行口对口人工呼吸,并且作心脏按摩。

(5) 查找煤气泄漏的原因,排除隐患。

9. 发生火灾的处理方法

(1) 首先拨打 119 火警急救电话,告诉消防队着火的详细地点。

(2) 将可燃物与火隔离,将可燃物与空气隔离,降低燃烧物的温度。

(3) 建筑物起火后 7 分钟内是灭火的最好时机,超过这个时间,就要设法离开火灾现场。

(4) 向头部、身上浇一些冷水,用湿毛巾、湿被单把头包好,用湿棉被、湿毯子把身体裹好,再从火里冲出去;如果浓烟太大,可以用口罩或者毛巾捂住口鼻,身体尽量贴着地面前进,或者爬行,因为浓烟一般都在上面漂浮着,接近地面的地区烟雾较少。

10. 计划生育

计划生育是我国的基本国策,外出务工也要依法实行计划生育。育龄夫妻应当落实计划生育和避孕、节育措施。

外出务工的成年育龄妇女(18~49周岁)在离开户籍地时,应当到户籍所在街道办事处或乡(镇)人民政府计划生育办公室办理国家《流动人口婚育证明》。到达务工地后应主动将《流动人口婚育证明》送现居住地户籍所在街道办事处或乡(镇)人民政府计划生育办公室或用工单位交验。现居住地户籍所在街道办事处或乡(镇)人民政府计划生育办公室将为你提供计划生育技术服务和免费避孕药具。

已婚育龄的外出务工人员申请在现居住地生育子女的,应当在其户籍所在地的县级人民政府计划生育管理部门或乡(镇)人民政府、街道办事处按照当地的有关规定办理生育证明材料。

已婚育龄的外出务工人员可以凭其户籍所在地的县级人民政府计划生育管理部门或乡(镇)人民政府、街道办事处出具的生育证明材料,在现居住地生育子女。

11. 常用电话号码

火警报警电话:119
匪警报警电话:110
急救中心电话:120
交通事故报警电话:122